Francisco de Sales

Amar ou morrer
Máximas escolhidas

4ª edição

Tradução
Emérico da Gama

São Paulo
2025

Título original
*Maximas escullidas de entre
las obras de S. Francisco de Sales*

Copyright © 2011 Quadrante Editora

Capa
Karine Santos

Dados Internacionais de Catalogação na Publicação (CIP)

Francisco de Sales, Santo, 1567–1622
Amar ou morrer : máximas escolhidas / Francisco de Sales —
4ª ed. — São Paulo: Quadrante, 2025.

ISBN: 978-85-7465-705-9

1. Francisco de Sales, Santo, 1567–1622 2. Santos cristãos
3. Vida cristã - Citações, máximas, etc. 4. Vida espiritual - Igreja
Católica I. Título

CDD-282.092

Índice para catálogo sistemático:
1. Santos : Igreja Católica : Vida e obra 282.092

Todos os direitos reservados a
QUADRANTE EDITORA
Rua Bernardo da Veiga, 47 - Tel.: 3873-2270
CEP 01252-020 - São Paulo - SP
www.quadrante.com.br / atendimento@quadrante.com.br

SUMÁRIO

NOTA EDITORIAL.. 5

AMOR DE DEUS.. 19

VIRTUDES 23

CARIDADE 29

HUMILDADE 35

MANSIDÃO E PACIÊNCIA........................... 41

SERENIDADE E PAZ 45

BOAS OBRAS.. 49

PIEDADE... 51

FIDELIDADE 61

SIMPLICIDADE	63
VONTADE DE DEUS	65
ADVERSIDADES	67
DESPRENDIMENTO	71
LUTA INTERIOR	75
COISAS PEQUENAS	83
ESPERANÇA	87

NOTA EDITORIAL

Quando esta editora publicou o livro, já clássico, *A arte de aproveitar as próprias faltas*, de Joseph Tissot (3ª edição, 2003), inspirado fundamentalmente na doutrina de São Francisco de Sales, apresentou em traços largos, no Prefácio, a biografia e a espiritualidade do Santo Bispo de Genebra. Dessa apresentação oferecemos aqui um resumo.

* * *

Francisco de Sales nasceu em 1567, no castelo de Thorens, na Savoia, como primogênito de uma família da alta nobreza. O nobre era por tradição um guerreiro, e assim Francisco teve de exercitar-se durante todo o período dos seus estudos como estratega, cavaleiro e espadachim. Mas, como não tinha vocação militar, antes era dessas cabeças privilegiadas nascidas para as carreiras intelectuais, encontramo-lo aos quinze anos cursando retórica e humanidades no *Collège de Clermont* e completando esses estudos, por conta própria, com os da filosofia e da teologia. Paris renovava, nessa época, o seu esplendor de capital do rei Henrique IV, e as suas faculdades fervilhavam com as novas ideias e teses levantadas pela Renascença e pela Reforma Protestante.

Uma vez concluídos os estudos em Paris, Francisco de Sales dirigiu-se a Pádua, na Itália, para fazer o doutoramento em direito e teologia (1588-1592). Em 1592, retornou às terras do pai e teve de enfrentar a decisão definitiva sobre o rumo a dar à sua vida: o pai pretendia "colocá-lo" como advogado do Senado da Savoia e casá-lo com uma moça de boa posição e excelentes qualidades, mas deparou inesperadamente com a recusa respeitosa e inamovível do filho. É que Francisco acabava de renovar a sua decisão, tomada já de pequeno, de "ser da Igreja", de fazer-se sacerdote.

Com a ajuda de Mons. Claude de Granier, bispo de Genebra, que o fez nomear — para grande desgosto do rapaz — "preboste da igreja de São Pedro de Genebra", venceram-se enfim as oposições do pai, que assim pelo menos via o filho bem encaminhado na "carreira eclesiástica". Mas o sonoro cargo atribuído a Francisco não deixava de ter a sua ponta de ironia, pois o que o esperava era um longo combate. Estava-se em plena época de fermentação protestante e Genebra encontrava-se dominada pela mão de ferro da "república" de Calvino, a ponto de o próprio bispo da cidade se ter visto obrigado a residir em Annecy para escapar às fogueiras calvinistas...

Desde a sua ordenação (1593), Francisco entregou-se às tarefas pastorais que podia realizar em Annecy — pregar, celebrar a Santa Missa e, principalmente, confessar, confessar e confessar. Mas já no ano seguinte encontra uma tarefa bem ao gosto do seu ímpeto de almas: com o primo Louis de

Sales, dirige-se a um cantão savoiano de esmagadora maioria protestante, o Chablais, a fim de empreender a conversão dos habitantes. Serão quatro anos de esforços para "forçar as muralhas de Genebra pela oração e invadi-la com a caridade". Começou por publicar uns cadernos distribuídos a domicílio, em que expunha a doutrina católica, e depois entregou-se à pregação direta e à controvérsia. Não faltaram nessa empresa lances aventurosos, tentativas de assassinato e emboscadas fracassadas, mas pouco a pouco Francisco foi ganhando os corações e, por volta de 1598, a região voltava a declarar-se católica. Ainda não era Genebra, mas eram as portas do reduto protestante.

Nesse mesmo ano, foi nomeado por Clemente VIII bispo coadjutor, e em 1602 sagrado bispo de Genebra, após o falecimento de Mons. Granier. Concentrou-se imediatamente nas tarefas pastorais, com uma dedicação que faria dele o exemplo por excelência do bispo pós-tridentino, empenhado em traduzir na prática as reformas preconizadas pelo Concílio de Trento.

A Savoia pertencia ao Sacro Império Romano Germânico, mas a língua e a mentalidade eram francesas, e efetivamente diversas partes do ducado passaram nesse período, por vias marciais ou diplomáticas, para as mãos do rei da França. Assim, o bispo teve que deslocar-se algumas vezes a Paris para resolver na corte questões ligadas à administração desses territórios, e também lá pregou, converteu e fez amizades, como o próprio rei Henrique IV, São Vicente de Paulo, Bérulle etc.

Em 1604, ao pregar os sermões de Quaresma em Dijon, na França, conheceu Joana de Chantal, que lhe pediu que se encarregasse da sua direção espiritual, e com a qual acabaria por fundar a Ordem da Visitação. Essa santa, também de família nobre, desempenharia um papel especial na vida e na obra de Francisco. Os sofrimentos que tinha experimentado — era órfã de mãe desde pequena e aos 28 enviuvara do barão de Rabutin-Chantal —, aliados a uma direção espiritual pouco esclarecida, ensombreceram-lhe o caráter: apesar de se dedicar heroicamente a obras de misericórdia e caridade, a sua piedade tendia a ser melancólica, escrupulosa. Graças ao encontro com Francisco de Sales, essa tendência reverteu-se.

Francisco ensinou-lhe uma espiritualidade positiva, baseada no *abandono em Deus*. Esta era a sua doutrina central, a rocha na qual o santo apoiava a sua própria vida interior. Como praticamente todos os seus ensinamentos, nascera da sua experiência pessoal. Quando ainda estudava em Paris, tomara contato com a tese teológica da *predestinação*, defendida pelos protestantes (em especial Calvino) e por alguns autores católicos, e muito discutida na Universidade. Ao debruçar-se sobre esse problema, começara a duvidar da sua própria salvação e passara uns bons dois meses acossado por uma tentação obsessiva de desespero que lhe ia roendo a paz de espírito e até a saúde física.

Livrara-se dela num dia em que, ajoelhado diante de uma imagem de Nossa Senhora, fizera a única coisa possível a quem se encontra nessa situação: um ato heroico de abandono e de esperança em Deus. Declarou ao Senhor que estava disposto a amá-lo durante esta vida *mesmo que o seu destino fosse a condenação eterna*, e abandonou todas as dúvidas acerca da sua salvação na Misericórdia divina.

Esse abandono em Deus marcou o seu caráter de maneira muito acentuada e tornou-se uma das linhas-mestras da sua espiritualidade: "A sua doutrina espiritual é a narração do que viveu", chega a dizer um dos seus biógrafos. Foi o que lhe conferiu a suprema serenidade e paz que o distinguem, permitindo-lhe harmonizar uma alegria permanente com um esforço intenso e tenaz por cumprir a Vontade de Deus.

Foi por isso que não apenas Joana de Chantal como centenas de outras pessoas, desde rudes soldados savoianos e camponeses protestantes até freiras de clausura e nobres da refinada corte francesa, procuraram com imenso proveito a sua direção espiritual. Pode-se dizer que São Francisco de Sales foi por excelência um diretor de consciências, de palavra e por escrito. Mesmo as duas principais obras que nos legou — a *Introdução à vida devota* (1608) e o *Tratado do amor de Deus* (1619) — são no fundo apanhados dos conselhos que dava às pessoas que acudiam a ele.

Quem quer que o procurasse encontrava nele uma imensa capacidade de compreensão: não o olhar severo, mas uma acolhida benigna, e um calor interior que nascia do otimismo sobrenatural. No pecador e no herege, mais que o homem rebelado contra Deus, enxergava o coração capaz de amar, embora temporariamente mergulhado no frio enregelador do egoísmo ou nas ânsias escaldantes do remorso. Excelente pedagogo, convidava as almas estreitas e escrupulosas, demasiado atentas a uns deveres autoimpostos e ao medo de pecar, a erguer as vistas para horizontes mais sobrenaturais, a procurar a "devoção" — um amor a Deus terno mas ativo, que leva a buscar agradar-lhe em tudo o que se faz — e a abandonar-se à Graça. Mais do que esquemas articulados e rígidos de oração, muito ao gosto dos seus contemporâneos, ensinava as pessoas a fazer uma meditação dialogada, afetuosa e simples com Deus, centrada na figura de Cristo-homem. Esse tom suave, culto, requintado e harmonioso permeia tanto os escritos que já citamos como as centenas de cartas que se conservam e os "Colóquios" (*Entretiens*) registrados por escrito pelos seus ouvintes.

Mas esse estilo não deve induzir-nos em erro, pois Francisco era exigente consigo e com os outros; por fé e por formação, era firme e enérgico, e adivinhamos que por temperamento estaria propenso a violentos surtos de cólera. Nos seus tempos de estudante, tivera alguma vez que puxar da espada para defender-se de uns colegas que tinham querido pôr à prova a sua coragem e saíram malparados da empreitada. Conta-se também que, depois da sua morte, as pessoas com quem convivia se surpreenderam ao descobrir que o tampo da sua mesa estava completamente arranhado por baixo: era o meio que o santo havia encontrado para dar vazão aos ímpetos de ira que eventualmente o assaltavam, sem desviar-se por um só momento da afabilidade e cortesia com que recebia a todos. A "doçura", a humildade, a paciência, virtudes tão típicas da sua espiritualidade, foram portanto a contrapartida necessária para imprimir harmonia e equilíbrio a um modo de ser de per si impetuoso e até violento. Essa luta por suavizar o caráter, que paradoxalmente devia ser muito dura para um homem da sua têmpera, foi o que lhe permitiu apresentar aos seus dirigidos um quadro amável da luta interior.

Por fim, há ainda uma outra faceta característica do espírito de Francisco de Sales: a preocupação com o cristão comum, o homem "do mundo", numa época em que a direção espiritual e a própria pregação acerca da santidade estavam dirigidas de preferência aos religiosos, àqueles que se consagravam com exclusividade a Deus pelos votos de castidade, pobreza e obediência. Não faltam, na sua pregação e nos seus escritos, referências ao "homem honrado", camponês, artesão ou comerciante, plebeu ou nobre, cuja sobriedade, honestidade, temperança e sinceridade tornam possível que arraigue nele a virtude sobrenatural da caridade. Mais do que qualquer outro autor da sua época, Francisco insiste também nas "virtudes de relação", isto é, nas qualidades que tornam amável a convivência entre as pessoas, tão necessárias a quem diariamente trata com gente de todo o tipo e temperamento.

No início da *Introdução à vida devota*, escreveu:

"Quase todos os autores que até à data têm estudado a devoção tiveram por pauta ensiná-la aos que vivem afastados do mundo [...]. O meu objeto agora é doutrinar os que habitam nas cidades, vivem com as suas famílias ou na corte, tendo de seguir externamente uma conduta comum [...]. Quero mostrar a esses que, assim como a madrepérola se conserva no meio do mar sem permitir que entre nela uma só gota de água salobra [...], uma alma vigorosa e constante pode viver no mundo sem se deixar contaminar pelos humores mundanais".

Era um passo histórico em direção à doutrina difundida a partir de 1928 por São Josemaria Escrivá, Fundador do Opus Dei, e acolhida quarenta anos depois pelo Concílio Vaticano II. Segundo essa doutrina, a vida ordinária em sociedade, no meio das ocupações habituais, não só não é um obstáculo ao ideal de santidade, mas constitui a matéria prima da santificação pelo exercício cabal dos deveres cotidianos, apoiado na oração e nos sacramentos. No dizer do Papa João Paulo I, "Francisco sugere quase sempre aos leigos os mesmos meios utilizados pelos religiosos, com as oportunas adaptações [...]; Escrivá é mais radical: fala até mesmo de materializar — no bom sentido — a santificação. Para ele, o que deve transformar-se em oração e santidade é o próprio trabalho material" (*Il Gazzetino*, Veneza, 1978).

Francisco morreu em Lyon, no convento das suas religiosas, em 1622, e o seu corpo foi trasladado a Annecy no ano seguinte. Foi canonizado em 1665. Pio IX nomeou-o Doutor da Igreja em 1877 e Pio XI padroeiro dos jornalistas e escritores católicos em 1923. Joana de Chantal faleceu em 1641, e foi canonizada por Clemente XIII em 1767. A irradiação por assim dizer "conjunta" que os dois santos tiveram marcou profundamente a espiritualidade dos últimos quatro séculos; mais do que acrescentar um elemento novo e original, ajudaram a superar eventuais surtos rigoristas na espiritualidade católica, vincando o acento na alegria e serenidade que devem marcar todo o cristão, homem redimido e elevado à condição de *filho de Deus* pelo Filho de Deus.

* * *

A coletânea de máximas que aqui se oferecem, quase todas extraídas das duas obras acima citadas, foi colhida principalmente de uma seleção feita em 1848 por um sacerdote francês, sem menção do nome, e traduzida para o catalão pela Editora Imprenta de I. Valls, Vich.

AMOR DE DEUS

1. Que contentamento causa o amor quando não há o perigo de deixar de ser correspondido! O amor de Deus dá mais contentamento que qualquer outro, porque jamais encerra semelhante perigo.

2. Pode haver maior felicidade do que viver, trabalhar e alegrar-se somente em Deus?

3. No caminho do amor a Deus, a mais pequena falta cometida com deliberação prejudica mais que outras cem em que caímos por surpresa.

4. Tenham por coisa certa que, ainda que nos chegasse a faltar o mundo inteiro, Deus não nos faltará: Ele é o nosso tudo e é assim — como o nosso tudo — que devemos olhar para Ele.

5. Os peixes fora d'água perdem a liberdade; assim começa a alma racional a fazer-se escrava, mal se separa de Deus.

6. Ó almas cristãs! Desejai de bom ânimo ou morrer, ou amar a Deus, já que viver sem amá-lo é infinitamente pior que a própria morte.

7. Deus não se mostra rigoroso nem terrível com os que o amam. Como sabe que valem pouco e que podem dar pouco, contenta-se com esse pouco.

8. Eleva o teu coração a Deus por meio de aspirações muito frequentes; que sejam breves, mas ardentes: que raptem o teu coração.

9. Uma simples aldeã pode amar mais a Deus do que o homem mais sábio do mundo.

10. O verdadeiro amor de Deus não admite nem sofre rival algum: Ele quer reinar como Soberano e, se não for assim, retira-se.

11. O grande bem de uma alma não consiste em pensar muito em Deus, mas em amá-lo muito.

12. O vento alastra os grandes incêndios [de um amor de Deus ardente] e apaga os pequenos [de um amor tíbio].

13. Como seríamos felizes se só tivéssemos Jesus no entendimento, Jesus na memória, Jesus na vontade, Jesus na imaginação! Procuremos que seja assim; pronunciemos o seu nome com toda a frequência que pudermos, ainda que gaguejando.

14. Jacó ama Raquel com todas as suas forças, e com todas as suas forças ama a Deus: mas nem por isso ama Raquel como a Deus, nem a Deus como a Raquel. Ama a Deus como seu Deus sobre todas as coisas e mais que a si próprio; ama Raquel como sua mulher sobre todas as outras mulheres e como a si mesmo. Ama a Deus com um amor absoluto e soberamente sumo,

e a Raquel com o seu amor marital; um amor não é contrário ao outro, porque o de Raquel não viola os supremos benefícios do amor a Deus!

VIRTUDES

1. Sucede amiúde que deixam de ser anjos do céu os que se esquecem de ser homens de bem na terra.

2. Não há índole tão boa que, com a repetição de atos viciosos, não possa contrair hábitos maus e vir a ser má.

3. Não há melhor finura, nem mais de desejar, do que a própria simplicidade.

4. Tanto como puderes, procura revestir-te de simplicidade e modéstia, porque são o maior brilho da formosura e o melhor disfarce da fealdade.

5. Não tens dotes de pregador? Não te aflijas por isso. Há outro modo de pregar, e muito mais eficaz: o bom exemplo.

6. Cuidado! Se estás melancólico ou de mau humor, que não o percebam os teus familiares: pensariam que é um efeito da tua vida de piedade e poderiam olhá-la com maus olhos.

7. É muito fácil repreender os outros, mas é muito mais difícil olhar bem para dentro de nós mesmos.

8. Vale e aproveita mais uma onça de humildade que mil libras de honras.

9. Assim como as abelhas extraem o mel de toda a espécie de flores, assim também nós devemos esforçar-nos por imitar o próximo em tudo o que de bom observamos nele.

10. Uma alma piedosa deve ser casta: deve ser pura nas mãos, pura nos lábios, pura nos ouvidos, pura nos olhos, pura em todo o corpo.

11. Se queres conservar a castidade, foge das ocasiões de perdê-la. Nesta

matéria, a mais pequena concessão ocasiona consequências funestas.

12. A impureza é mais fácil de evitar do que de corrigir.

13. Fortifica o espírito, mortificando a carne e a sua sensualidade; eleva a alma a Deus; abate a concupiscência, dando forças para vencer e amortecer as suas paixões, e prepara o coração para que não procure outra coisa senão agradar a Deus em tudo.

14. A modéstia exterior tem por objeto três coisas: o vestido, a conduta e as palavras. O modo de vestir-se há de ser sem afetação, segundo a condição de cada qual; a conduta, graciosa, mas não leviana; e as palavras, afáveis e não arrogantes.

15. A prudência simplesmente humana não é senão um formigueiro de mentiras e palavras vãs.

16. Distribui o teu tempo de tal maneira que não passe um só dia sem que leias

algum livro que te instrua e te encaminhe para a prática das virtudes.

17. A verdadeira virtude não prospera numa vida estancada, como também os peixes delicados não se nutrem nos pântanos.

18. Acostuma-te a não mentir nunca de maneira consciente, nem para te desculpares nem por outro motivo qualquer, e para isso, lembra-te de que Deus é o Deus da verdade. Se por acaso faltas à verdade por um erro, retifica-o imediatamente, se podes, com alguma explicação ou reparação; faze-o assim, pois uma verdadeira explicação tem mais graça e força para desculpar do que a mentira.

19. Lembra-te de que as abelhas, no tempo em que estão fabricando o mel, comem e sustentam-se de um produto muito amargo; e que de igual maneira nós não podemos fazer atos de maior mansidão e paciência, nem compor o mel das melhores virtudes, senão enquanto comemos o

pão da amargura e vivemos no meio das aflições.

20. Nem todas as verdades podem ser ditas sempre, mas jamais é lícito combater a verdade.

21. Não se devem procurar o louvor e a glória. Não obstante, a caridade pede e a humildade permite que procuremos adquirir boa reputação, pois esta é muito útil para servir o próximo e fazer-lhe bem.

22. Não nos aflijamos por sempre nos vermos principiantes no exercício das virtudes, porque, no campo da vida interior, todos devemos considerar-nos sempre principiantes; toda a nossa vida deve ser encarada como uma prova, e pensar que já a superamos é o sinal mais evidente não só de que continuamos a ser principiantes, mas ainda de que somos incapazes de deixar de sê-lo.

23. Não te afastes nunca destas máximas: "Sê filho submisso da Igreja e do Papa;

sê humilde e fiel súdito do teu príncipe; reza por eles e confia firmemente em que, se o fizeres, terás a Deus por pai e por rei".

CARIDADE

1. É necessário cuidar muito de comportar-se com doçura em casa, quer com os parentes, quer com os domésticos; porque às vezes parecemos um santo lá fora e em casa somos um diabo.

2. Tudo nos parece desculpável nas pessoas que nos caem bem, mas, nas pessoas que não nos são simpáticas, em tudo encontramos coisas que criticar.

3. As pessoas por quem nos sentimos naturalmente pouco inclinados devem ser cabal e frequentemente objeto da nossa doçura e caridade.

4. Geralmente, as nossas conversas devem ser condimentadas com uma moderada alegria.

5. Quem não vê a Deus no próximo corre o perigo de não o amar com um amor casto, tranquilo e constante.

6. A zombaria e as troças são a maneira mais maligna de ofender o próximo com palavras.

7. O nosso próximo, seja quem for, ocupa um lugar no coração do Salvador, e, a quem está em lugar tão sagrado, haverá pessoa alguma de coração tão duro que não o ame, que não sofra os seus defeitos?

8. Quando fazemos a vontade dos outros, devemos pensar que fazemos a de Deus, manifestada na do próximo.

9. Uma hora de aceitação remedeia mais males do que uma hora de ressentimentos.

10. Quanto mais gostamos de ser aplaudidos pelo que dizemos, tanto mais propensos somos a criticar o que os outros dizem.

11. Para adquirir a verdadeira caridade, é um bom meio condescender, nas coisas permitidas, com a vontade dos outros.

12. O espírito de doçura é o verdadeiro espírito de Deus. Pode-se fazer compreender a verdade e admoestar, sempre que se faça com benevolência.

13. O murmurador comete três homicídios de uma só estocada da sua língua: dá morte espiritual à sua alma, morte espiritual a quem o escuta, e morte civil à pessoa de quem murmura. Como diz São Bernardo, aquele que murmura e aquele que presta ouvidos à murmuração têm ambos o demônio dentro de si, um na língua e o outro no ouvido.

14. Mesmo que os meus amigos morram, não morre a minha amizade, antes pelo contrário, renasce mais viva e firme entre as cinzas, como uma espécie de fênix mística, porque, embora as pessoas sejam mortais, o que eu amo nelas é acima de tudo imortal.

15. O vínculo da caridade cresce com o tempo, adquire novas formas pela sua duração e escapa à foice da morte, que tudo ceifa, menos o amor. A caridade é tão forte como a morte e mais dura que o ferro. Este é o nosso laço, estas são as nossas cadeias, que, quanto mais nos atarem e apertarem, maior liberdade nos darão. A sua força é suavidade, a sua violência é doçura; nada há tão brando como ela, e nada como ela tão firme.

16. Nada é tão natural como ocultar os defeitos próprios. Sendo assim, como é que nos agrada tanto descobrir os dos outros?

17. Não podendo de forma alguma desculpar o pecado daqueles que o haviam posto na cruz, Cristo procurou no entanto reduzir-lhe a malícia, alegando a ignorância daqueles homens. Quando nós não pudermos desculpar o pecado, ao menos julguemo-lo digno de compaixão, atribuindo-o à causa mais tolerante que possa ser-lhe aplicada, como é a ignorância ou a fraqueza.

18. Não é lógico que o pecado tenha tanta força contra a caridade como a caridade contra o pecado, visto que este procede da nossa fraqueza, ao passo que aquela procede do amor divino. Se o pecado é abundante em malícia para arruinar, a graça é superabundante para reparar, e a misericórdia de Deus, por meio da qual se apaga o pecado, exalta-se sempre e triunfa gloriosamente do rigor da sua justiça (cf. Tg 2, 13).

HUMILDADE

1. Tudo o que não serve para a eternidade só pode ser vaidade.

2. Quando pedirem o teu parecer sobre alguma coisa, dá-o com franqueza, mas sem te preocupares de saber se o seguem ou não.

3. Há pessoas tão enamoradas de si mesmas e do que fazem, que caem numa espécie de idolatria; as suas ações são outros tantos ídolos.

4. O amor-próprio só acabará quando a vida acabar; é impossível que chegue um dia em que deixemos de sentir os seus ataques. Basta, pois, que nos esforcemos por corrigi-lo e reprimi-lo pouco a pouco.

5. Tenho dito muitas vezes que quem não é humilde também não é casto. E tenho-o dito porque Deus permite geralmente as quedas nos pecados mais vergonhosos para abater e corrigir o nosso orgulho.

6. É necessária a esperança nas adversidades, o temor na prosperidade, e em tudo a humildade: quer dizer, é mister humilhar-se sempre.

7. Quem é verdadeiramente humilde sabe persuadir-se de que não há coisa alguma que possa fazer-lhe injúria.

8. A humildade faz-nos desconfiar de nós mesmos, mas a grandeza de alma faz-nos confiar em Deus, autor de todo o bem. É por isso que essas duas virtudes devem andar sempre juntas.

9. O amor-próprio é muito empreendedor: intromete-se em tudo, tudo abarca, tudo quer fazer, e não faz nada.

10. Fala o menos possível de ti mesmo: nem bem nem mal. O amor-próprio

faz-nos cegos, mesmo quando falamos mal de nós.

11. O dom de orar não se adquire por esforços pessoais, mas por uma doce e tranquila humildade de coração.

12. Quando o teu coração cair, levanta-o, humilhando-te profundamente diante de Deus com o reconhecimento da tua miséria, sem te espantares por teres caído, pois não tem nada de espantoso que a enfermidade seja enferma, que a fraqueza fraca e a miséria mesquinha. No entanto, detesta com todas as tuas forças a ofensa que fizeste a Deus e, com coragem e confiança na sua misericórdia, prossegue no caminho da virtude que tinhas abandonado.

13. O verdadeiro humilde quer mais que outros lhe digam que é miserável — que é nada, que não vale nada — do que dizê-lo ele mesmo. Ou, pelo menos, quando sabe que o dizem, não os contradiz, mas de boa vontade se conforma, porque, como é isso

mesmo que ele pensa firmemente de si, alegra-se de que sejam da sua opinião.

14. Uma falsa humildade move-nos a dizer que não somos nada, que somos a própria miséria e o lixo do mundo; mas sentiríamos muito que nos tomassem a palavra ao pé da letra e a divulgassem.

15. Fingimos esconder-nos e fugir para que nos procurem e perguntem por nós; damos a entender que preferimos ser os últimos e situar-nos num canto da mesa, para que nos deem a cabeceira. A verdadeira humildade procura não dar aparentes mostras de sê-lo, nem gasta muitas palavras em proclamá-lo. [...] Não abaixemos nunca os olhos, mas humilhemos os nossos corações; não demos a entender que queremos ser os últimos, se o que realmente desejamos é ser os primeiros.

16. A viva consideração das graças recebidas torna-nos humildes, porque o conhecimento gera o reconhecimento.

17. A humildade faz com que abracemos as cruzes com resignação e aceitemos os bens com agradecimento, convencidos de que merecemos aquelas e não estes.

18. A primeira [máxima] que desejo ver bem gravada no vosso espírito é a de São Paulo: *Tudo contribui para o bem dos que amam a Deus* (Rm 8, 28). E é verdade, porque, se Deus pode e sabe tirar o bem do mal, com quem o fará senão com aqueles que se dão a Ele sem reservas? Sim, até os pecados (dos quais nos guarde Deus por sua bondade) se veem reduzidos pela Divina Providência a contribuir para o bem dos que lhe pertencem. Davi não teria sido tão humilde se não tivesse pecado.

19. — Eu vos digo que, se fordes humilde, sereis fiel.

— Mas chegarei a ser humilde?

— Sim, se quiserdes sê-lo.

— Mas eu quero.

— Pois então já o sois.

— Mas eu vejo que não sou.

— Tanto melhor, pois isso serve para que o sejais com mais certeza.

20. Não devemos temer que o conhecimento dos dons de Deus nos encha de orgulho, desde que nunca esqueçamos que tudo quanto há de bom em nós não é nosso, mas dEle. Porventura os animais de carga deixam de ser uns pobres animais por caminharem carregados com os objetos preciosos e perfumados do príncipe? *Que temos de bom que não tenhamos recebido? E, se o recebemos, por que nos orgulhamos como se não o tivéssemos recebido?* (1 Cor 4, 7).

21. Não deveis admirar-vos nem desanimar por cometerdes imperfeições diante dos outros: pelo contrário, deveis sentir-vos felizes por serdes conhecidos tal como sois.

22. É preciso não nos esquecermos daquilo que fomos, para não chegarmos a ser piores.

MANSIDÃO E PACIÊNCIA

1. É preciso que tenhamos paciência com todos, mas, em primeiro lugar, conosco próprios.

2. Quem sabe ter verdadeira paciência aceita com igual firmeza tanto a aflição que causam as desventuras e opróbrios como a alegria que causam as provas da maior estima.

3. A alma que passa do pecado para a devoção não deve pensar em conseguir tudo de uma vez: a aurora dissipa as trevas pouco a pouco.

4. Como melhor podemos empregar a doçura é aplicando-a a nós mesmos, sem nunca nos aborrecermos com as nossas imperfeições. Temos de procurar não ser vítimas de um mau humor desagradável e

triste, despeitado e colérico. Há muitos que se aborrecem por se terem aborrecido, que se entristecem por se terem entristecido e se desesperam por se terem desesperado. E essa segunda reação ultrapassa a primeira, de tal sorte que serve de abertura e convite para um novo aborrecimento na primeira ocasião que se apresentar.

5. Assim como se curam mais facilmente as feridas recentes, assim é remédio eficaz contra a ira repará-la prontamente com o ato contrário, que é a mansidão.

6. Decide-te a sacrificar o que mais estimas — a abandonar o convívio dos teus, se Deus to pede para segui-lo mais de perto, a arrancar o olho direito se te é ocasião de tropeço, e mesmo a perder a vida... —, e prepara o teu coração para tudo isso.

Mas enquanto a Divina Providência não te exigir o sacrifício dos teus olhos, sacrifica-lhe ao menos os teus cabelos, quero dizer, sofre com paciência as pequenas desconsiderações, as leves incomodidades, os imprevistos que acontecem todos os dias, porque, se aproveitares com amor essas ocasiõzinhas, conquistarás por inteiro o coração divino e o farás totalmente teu.

7. É necessário aceitar com paciência não só a doença, mas também a doença que Deus dispõe, no lugar que Ele dispõe, entre as pessoas que dispõe e com as incomodidades que dispõe. E o mesmo digo das demais tribulações.

8. É preciso sofrer com paciência as demoras na aquisição das virtudes, fazendo o que possamos para progredir, mas sempre com bom ânimo. Esperemos com paciência, e, ao invés de nos inquietarmos por termos feito tão pouco no passado, procuremos com diligência fazer mais no futuro.

9. O espírito de doçura é o verdadeiro espírito de Deus [...]. Podemos admoestar, sempre que o façamos com doçura. Temos de sentir indignação diante do mal e estar decididos a não transigir com ele; no entanto, é preciso conviver docemente com o próximo.

10. Os que aspiram ao amor puro de Deus não têm tanta necessidade da paciência para com os outros como para consigo mesmos. É preciso suportar a imperfeição para alcançar a perfeição. Digo *suportar*, não *amar* nem *acariciar*. É deste sofrimento que se alimenta a humildade.

11. A humildade faz com que não nos inquietemos com as nossas fraquezas, lembrando-nos das dos outros: por que havíamos nós de ser mais perfeitos que os outros? Paralelamente, leva-nos a não nos perturbarmos com as fraquezas alheias, lembrando-nos das nossas: por que havemos de estranhar que os outros tenham defeitos, se nós estamos cheios deles?

SERENIDADE E PAZ

1. Tanto mais perfeito é o cuidado dos negócios quanto mais se assemelha ao cuidado que Deus tem por nós: Deus pensa em tudo e faz tudo com a maior rapidez e proveito, mas sem alterar-se, sem perder nada da sua tranquilidade e repouso.

2. Para que apressar-te tanto nas coisas que fazes? Trabalha sem pressa alguma e, com tranquilidade, faz uma coisa depois da outra. Verás como avanças muito.

3. Guarda-te das angústias interiores, que levam à perda da piedade.

4. À exceção do pecado, o maior mal que pode sobrevir a um homem é a inquietação.

5. É suficiente receber e aceitar os males no momento em que aparecem, sem querer preveni-los com um temor desmedido, afligindo-nos por adiantado.

6. Se queres levar a bom termo os teus negócios, trabalha de um modo repousado e com maturidade de juízo. Com a precipitação, ou se terminam mal os assuntos, ou se enredam de tal maneira que nunca se terminam.

7. "Bem", dir-me-á alguém, "mas como posso não me afligir e entristecer-me, se vejo que é por minha culpa que não avanço no caminho da virtude?" Já o disse na *Introdução à vida devota* e agora volto a dizê-lo de bom grado: é preciso entristecer-se com um arrependimento que seja forte e sereno, constante e tranquilo, mas nunca agitado, nem inquieto, nem desalentado.

8. É preciso fugir do mal? Pois fujamos, mas calmamente, sem perder o sossego; porque, se assim não for, pode acontecer que, fugindo, acabemos por cair e por dar

ocasião ao inimigo de tirar-nos a vida... A própria penitência tem que ser cultivada com paz. *Eis que a minha amaríssima amargura está em paz*, diz Isaías (38, 17).

9. Já desde a manhã, preparai a vossa alma para andar tranquila, e tende o cuidado de, no correr do dia, chamá-la muitas vezes à paz e colocá-la em vossas mãos. Se vos suceder alguma coisa que vos desgoste, não vos espanteis; humilhai-vos serenamente na presença de Deus e procurai recuperar a paz do vosso espírito. Dizei à vossa alma: "Que fazer? Demos um passo em falso; avancemos agora devagarinho e com todo o cuidado". Fazei isto todas as vezes que cairdes.

10. Terrível coisa é a morte, mas, para os que cremos em Deus, quão desejável é também a vida do outro mundo!*

(*) Pensar nela com alguma frequência é fonte e serenidade e paz. [N. E.]

BOAS OBRAS

1. O cuidado dos negócios, se for moderado, em nada prejudica a alma, e deixa tempo para a oração, para a leitura e o recolhimento espiritual.

2. Não basta ter Deus na boca e nas belas palavras, e no coração bons afetos: é necessário ter Deus nos braços com Simeão, para entregar-se a boas obras.

3. Deus não julga as nossas ações pelo seu número, mas pelo modo como as fazemos.

4. As boas obras feitas a conselho do diretor espiritual, além da bondade que lhes é própria, têm o mérito da dependência e submissão.

5. Quando tiveres uma ocasião de praticar uma boa obra, pensa pouco, fala pouco, e faz muito.

6. Há pessoas que são devotas, mas ociosas: terminada a oração, é mister ocupar-se em obras que possam abrir-nos o caminho da eternidade.

7. Para onde quer que vás, recolhe sempre coisas boas; faz como as abelhas, que, ao retornarem à colmeia, só trazem mel.

8. Nunca poderemos dar por terminada a nossa luta; temos de recomeçar sempre e fazê-lo de boa vontade. *Quando o homem tiver acabado* — diz a Escritura —, *então voltará a começar* (Eclo 18, 6). O que fizemos até agora é bom, mas o que vamos começar será melhor; e quando o tivermos acabado, voltaremos a começar outra coisa que será melhor ainda, e depois outra, até sairmos deste mundo para começar outra vida, que não terá fim porque já nada de melhor nos poderá acontecer. Não choremos, pois, à vista dos trabalhos que pesam sobre a nossa alma. Vede antes se não é preciso ter coragem para ir sempre adiante nas boas obras, já que não devemos parar nunca.

PIEDADE

1. A vida dos santos não é outra coisa senão o Evangelho posto em prática.

2. Comporta-te de tal maneira que a tua piedade seja jovial e amável, e assim os outros a amarão e terão vontade de praticá-la.

3. Como é fácil adquirir fervor se nos entretemos durante o dia com bons pensamentos e orações jaculatórias!

4. Viver cada dia sem perder o recolhimento interior e multiplicando as orações jaculatórias: estes são os meios para começar, desenvolver e sustentar com vigor a grande obra da nossa santificação.

5. Um só Pai-Nosso dito com atenção e fervor vale muitíssimo mais que outros muitos rezados com pressa e rotina.

6. Se te suceder não achar gosto nem consolo na meditação [oração mental], aconselho-te que nem por isso te perturbes, mas recorras umas vezes à oração vocal, queixando-te de ti mesmo a Nosso Senhor, confessando a tua indignidade, pedindo-lhe que te ajude, beijando devotamente a sua imagem, se a tens, e dizendo as palavras de Jacó: *Senhor, não vos deixarei enquanto não me tiverdes dado a vossa bênção* (Gn 32, 26). Outras vezes, serve-te de um livro e lê com atenção, até que o teu espírito se acenda e voltes a entrar em ti.

7. São bons os consolos espirituais, porque Aquele que os dá é perfeitamente bom. Mas não concluas daí que são bons os que os recebem.

8. Na oração, se não conseguirmos falar com o Senhor por estarmos "afônicos", permaneçamos na sua presença. Ele ver-nos-á, agradecerá a nossa paciência e recompensará o nosso silêncio. Num dia em que estejamos sem forças, dar-nos-á a mão, conversará conosco e dará em nossa

companhia cem voltas pelas alamedas do seu jardim.

9. Não tirais nenhum proveito da oração? Mostrai a Deus a vossa miséria. A mais bela maneira de os mendigos nos pedirem uma esmola é descobrir-nos as suas chagas. Mas dizeis que nem a isso chegais, e estais como uma estátua. Não é pouco. Nos palácios dos reis, colocam-se estátuas que só servem para deleitar a vista do monarca: contentai-vos com ser isso na presença de Deus. Ele animará a estátua quando quiser.

10. Diga-lhes que são dois os tipos de pessoas que devem comungar com frequência: as perfeitas, porque, estando bem preparadas, decairiam se não se aproximassem da fonte da santidade, e as imperfeitas, precisamente para que possam aspirar a ela. As fortes, para não enfraquecer, e as débeis para robustecer-se; as enfermas, para curar-se, e as que gozam de saúde, para não adoecer. Diga-lhes que os que não estão muito atarefados devem comungar com frequência porque têm tempo

para isso, e os que têm muito trabalho também, porque precisam [desse alimento divino], pois os que trabalham muito e andam carregados de preocupações devem tomar manjares sólidos e frequentes. Diga-lhes que V. recebe assiduamente o Santíssimo Sacramento para aprender a recebê-lo bem, porque não se faz bem o que não se faz com frequência.

11. Foi graciosa a resposta de Santa Catarina de Sena aos que desaprovavam que comungasse com frequência, e para isso alegavam que Santo Agostinho não louvava nem vituperava os que não comungassem todos os dias. "Já que Santo Agostinho não os vitupera — disse a Santa —, também vós não os vitupereis, e isso me basta".

12. A abelha tira mel das flores sem estragá-las nem destruí-las, deixando-as tão intactas e frescas como as encontrou. O mesmo — e mais — faz a verdadeira piedade: não compromete nenhuma das nossas ocupações, antes as adorna e embeleza.

13. Os exercícios de devoção devem ser de tal modo que não prejudiquem as nossas ocupações e deveres, e nunca hão de ser tão demorados que nos cansem e incomodem os que convivem conosco.

14. A verdadeira piedade torna mais grato o cuidado da família, mais sincero o amor entre marido e mulher, mais leal a submissão aos que governam, mais fácil de assumir e realizar com perfeição todas as ocupações, seja de que gênero forem.

15. Um filhinho que adormece no regaço de sua mãe está realmente no lugar mais adequado, mesmo que ela não lhe diga nenhuma palavra, nem ele a ela. Podemos permanecer na presença de Deus mesmo dormindo: se adormecermos sob o seu olhar, Ele nos deitará na cama como crianças no seu regaço; e, quando acordarmos, veremos que está ao nosso lado.

16. A piedade deve ser praticada de formas diversas pelo cavaleiro e pelo artesão, pelo criado e pelo príncipe, pela viúva e pela

solteira, pela donzela e pela casada. É preciso relacionar a sua prática com as forças, as ocupações e os deveres do estado de vida de cada qual. Seria justo que um bispo levasse uma vida de solidão semelhante à do monge cartuxo? E que os casados não quisessem possuir nada, como os capuchinhos? E que o artesão pretendesse passar todo o dia no templo, como os religiosos? E o religioso se entregasse a toda a espécie da atividades para servir o próximo, como o bispo? Não seria tudo isso uma piedade ridícula, desordenada e intolerável? Não. A piedade não prejudica o cumprimento dos nossos deveres de estado; pelo contrário, incita-nos a aperfeiçoá-los.

17. Sem piedade, o homem é altivo, pouco equilibrado, colérico; e a mulher é frágil e de uma virtude quebradiça como o vidro. Como é útil a devoção!

18. Comporta-te de tal maneira que se perceba que Deus está contigo.

19. Contamos com muitas ajudas para viver bem a Santa Missa. Entre outras, a

dos anjos, que sempre estão presentes em grande número junto do altar, para honrar este santo mistério. Unindo-nos a eles e animados da mesma intenção, receberemos necessariamente muitas influências favoráveis dessa companhia. Os coros da Igreja triunfante unem-se e juntam-se a Nosso Senhor, neste ato divino, para cativarem, nEle, com Ele e por Ele, o coração de Deus Pai, e para tornarem eternamente nossa a sua misericórdia.

20. Humilhemo-nos e reconheçamos que, se Deus não fosse a nossa fortaleza e escudo, seríamos imediatamente feridos e trespassados por toda a espécie de pecados. É por isso que devemos estar "agarrados" a Deus, pela perseverança nos nossos exercícios de piedade: seja esta a nossa maior preocupação; o resto é secundário.

21. Muitos que prometiam alegremente fazer maravilhas por Deus, quando chegou a ocasião, desfaleceram, ao passo que outros, que desconfiavam das suas forças e temiam sucumbir quando se apresentasse a

ocasião, fizeram maravilhas por Deus, porque o grande sentimento da sua fraqueza os impeliu a procurar o auxílio e o socorro de Deus, a velar, a orar e a humilhar-se para não cair em tentação e perseverar na virtude.

22. A confissão honra o homem infinitamente mais do que o pecado o tinha rebaixado.

23. Teótimo,* entre as tribulações e pesares de uma vida de arrependimento, Deus acende muitas vezes, no íntimo do nosso coração, o fogo sagrado do seu amor: fogo que se converte em água de muitas lágrimas, as quais, por uma segunda transformação, se convertem numa labareda ainda maior de amor.

(*) Teótimo, "o que honra a Deus", é o destinatário da *Introdução à vida devota*, assim como Filoteia, "alma que ama a Deus", é a pessoa a quem se dirige o *Tratado do amor de Deus*. São nomes sob os quais o Autor esconde pessoas que o procuravam em busca de conselhos espirituais. [N. E.]

24. Devemos honrar, reverenciar e respeitar com especial amor a sagrada e gloriosa Virgem Maria, porque é a Mãe do nosso Deus e, por conseguinte, a nossa grande Mãe. Corramos para Ela e, como filhinhos seus, lancemo-nos no seu regaço a cada momento e em qualquer situação, com firmíssima confiança.

25. Retirem-se, pois, esses vaidosos que têm medo de que honremos excessivamente a Virgem. Os que não são abortos do cristianismo, mas pertencem à verdadeira geração de Jesus Cristo, amam, honram e louvam esta Senhora em tudo e por tudo: *Todas as gerações me chamarão bem-aventurada* (Lc 1, 48).

26. *Como se mesmo depois da morte quisesse continuar a guerra que declarara ao desalento, São Francisco de Sales arrancou ao próprio demônio uma confissão repleta de estímulo até para as almas mais ímpias.*

Trouxeram para junto do túmulo do bispo de Genebra, no tempo em que se instruía o processo da sua beatificação, um jovem que havia cinco anos estava possuído pelo espírito maligno. Tardou vários dias em ver--se curado e, entretanto, foi submetido pelo bispo Charles-Auguste de Sales e pela Madre de Chaugy a vários interrogatórios junto dos restos mortais do santo. Relata uma teste-munha ocular que, numa dessas ocasiões, o demônio gritava com mais furor e confusão, dizendo: — "Por que hei de sair?", e a Madre de Chaugy exclamou com aquela veemên-cia que lhe era peculiar: —"Ó Santa Mãe de Deus, rogai por nós! Maria, Mãe de Jesus, socorrei-nos!"

A essas palavras, o espírito infernal re-dobrou os seus horríveis alaridos e bra-dou: — "Maria! Maria! Ah! E eu, que não tenho Maria!... Não pronuncieis esse nome, que me faz estremecer. Se houvesse uma Maria para mim, como a tendes para vós, não seria o que sou!... Mas eu não tenho Maria!" Todos choravam. — "Ah!", continuou o demô-nio, "se eu tivesse um só instante dos muitos que desperdiças, sim, um só instante e uma Maria, não seria um demônio!"

FIDELIDADE

1. Se me comporto bem, que me importa que me repreendam, que me culpem, que murmurem de mim? Deixem que falem. Sofrer tudo, não me sentir humilhado por nada, e perserverar com fidelidade e bom ânimo.

2. Se o mundo não te estima, não faças caso, porque, como é cego, não entende nada nem vê nada.

3. Se o mundo não tivesse nada que dizer de nós, não seríamos verdadeiros servidores de Deus.

4. Todas as regras têm a sua exceção, menos esta: *Nada contra Deus*.

5. O pecado é indigno de uma pessoa bem-nascida e daquela que se preza de ter honra.

6. Não basta observar os mandamentos de Deus e os da sua Igreja; é necessário

também cuidar do cumprimento das obrigações do próprio estado [profissional, familiar]; sem isso, acabaremos por ser inimigos de Deus e nos condenaremos, mesmo que tenhamos ressuscitado mortos.

7. Todo o tempo que se gasta em coisas vãs é tempo roubado a Deus.

8. Aproveitemos as ocasiões que se nos oferecem para fazer o bem. Acontece com frequência que, deixando de aproveitá-las sob o pretexto de reservar-nos para fazer um bem maior, não fazemos nem uma coisa nem outra.

9. Temos de armar-nos de uma coragem invencível para não nos cansarmos de nós mesmos, pois sempre teremos alguma coisa que retificar ou cortar... Não vedes o que fazem todos os dias os que estão aprendendo a montar a cavalo? Caem com frequência, mas não se dão por vencidos, pois uma coisa é ver-se de vez em quando por terra e outra muito diferente dar-se definitivamente por vencido.

SIMPLICIDADE

1. Desejo vivamente gravar no teu coração uma máxima muito salutar: "Nada pedir, nada recusar".

2. Que loucura tão sem igual imaginar que somos o que não somos, que sabemos o que não sabemos!

3. Não presumas de sábio nem te finjas louco; a primeira dessas coisas, para não perderes a humildade; e a segunda, para não faltares à simplicidade, que aborrece as ficções.

4. Na confissão sacramental, receberás o perdão dos teus pecados, grande fortaleza para evitá-los, muita luz para discerni-los e abundante graça para te refazeres de todo o mal que te tiverem causado. Praticarás ao

mesmo tempo as virtudes da humildade, da simplicidade e da caridade: com o simples ato de te confessares, ganharás mais virtudes que em qualquer outro ato.

5. Alguns sentem uma grande vaidade em ir montados num cavalo de raça, em colocar uma pena vistosa no chapéu, em apresentar-se ricamente trajados; mas quem não sabe que tudo isso é um grande disparate? Porque, se há alguma glória nessas coisas, essa glória pertence ao cavalo, à ave e ao alfaiate; e pode haver maior fraqueza que mendigar estima a um cavalo, a uma pena de ave e a uma roupa?

VONTADE DE DEUS

1. Por que hei de querer outra coisa senão o que Deus quer? A nossa alma é a sua barquinha e Ele se encarrega de conduzi-la e há de trazê-la felizmente a bom porto.

2. Não vos queixeis das vossas aflições, nem pelo seu número, nem pelo seu peso, nem pela sua duração, porque Deus tudo dispôs quanto ao número, peso e medida.

3. Que indignidade ver que Deus bate à porta do nosso coração durante tanto tempo e não querermos abri-la! É muito de temer que, vendo-se tão desprezado, se retire completamente.

4. Esses modos de falar: "Eu quereria assim, eu quereria assado; eu estaria melhor aqui, eu estaria melhor acolá", não são

mais do que tentações. Deus dispôs tudo e sabe melhor que nós o que nos convém.

5. Tenhamos o propósito firme e geral de servir a Deus de coração, por toda a vida, e depois disso não queiramos saber senão que há um amanhã em que não devemos pensar. Preocupemo-nos por fazer o bem hoje; o amanhã virá também a chamar-se hoje, e então pensaremos nele. Façamos a provisão de maná para cada dia e nada mais; não tenhamos a menor dúvida de que Deus fará cair do céu outro maná amanhã, e depois, enquanto durarem os dias da nossa peregrinação (cf. Ex 16, 12ss.).

ADVERSIDADES

1. Quando uma pessoa sofre por amor de Deus, não se queixa, quase não sente os seus males, e bem pouco se importa de que haja quem a console.

2. Quem aspira à eternidade em breve se consola nas adversidades: porque, afinal, a vida dura tão pouco que consiste apenas em rápidos, passageiros e miseráveis momentos.

3. As virtudes formadas em tempos de prosperidade são geralmente fracas e inconstantes, mas as que crescem no meio das aflições são sempre fortes e duradouras.

4. Sempre que nos encontremos numa situação difícil, levantemos os olhos para a eternidade e em breve não haverá coisa alguma que nos aflija ou embarace.

5. É grande a diferença entre os jardins espirituais e os da terra: nestes, as flores passam e só ficam os espinhos; naqueles, os espinhos passam e as flores ficam para sempre.

6. Plantai no vosso coração Jesus crucificado, e todas as cruzes e espinhos deste mundo vos parecerão rosas.

7. Tens demasiadas pretensões: queres para ti, simultaneamente, os méritos do Calvário e os consolos do Tabor...

8. Nunca se soube com certeza de que madeira foi a cruz de Cristo. Eu penso que é para que amemos sem distinção as cruzes que Ele nos manda, seja de que madeira forem, e não digamos: "Esta cruz ou aquela não são do meu gosto, porque não são de tal madeira".

9. As cruzes que nós fazemos ou inventamos têm sempre uma certa camada de verniz, porque têm algo de nosso e por isso são menos mortificantes. Recebei humilde

e alegremente as que vierem sem a vossa vontade.

10. Uma cruz que não passa é muito valiosa, porque não há pena mais dura que a que dura.

11. No céu não haverá inverno: tudo será primavera quanto à formosura, outono quanto ao prazer, verão quanto ao amor. Aqui na terra o inverno é necessário, para que pratiquemos a abnegação e conquistemos, com os nossos passinhos, mil pequenas e belas virtudes que nascem durante o tempo da esterilidade.

12. Os casos fortuitos e os acidentes inesperados só o são para nós, pois estão presentes — e muito presentes — ante a Providência Divina, que só os permite para nosso bem e para lhe darmos glória.

DESPRENDIMENTO

1. Queres não ser sensível à perda das coisas do mundo? Não desejes ansiosamente o que não tens, nem ames com excesso o que tens.

2. A tristeza só se apodera daqueles que estão apegados às coisas do mundo.

3. Aprendamos de uma vez a amar as coisas e as pessoas neste mundo do mesmo modo como as amaremos no céu.

4. Não é possível seguirmos totalmente o espírito do mundo, segundo os seus usos, sem nos afastarmos de Deus e, portanto, sem perdermos tudo.

5. Uma alma grande só aspira à eternidade e, como ela há de existir sempre, tem

por nada tudo o que não é eterno. O que não é infinito parece-lhe completamente vil para que possa merecer os seus afetos.

6. Devemos entender que, quando nos despojamos de nós mesmos, é para nos revestirmos imediatamente de Jesus crucificado.

7. Tanto menos apegada está uma pessoa à sua própria vontade quanto mais sujeita está à vontade de Deus.

8. Se descobrirdes em mim algum afeto, nem que seja como um fio imperceptível, que não venha de Deus e não se refira a Deus, fá-lo-ei em pedaços instantaneamente.

9. Vale mais sem comparação a escravidão dos servidores de Deus do que a miserável liberdade dos filhos do mundo.

10. Jesus no presépio: eis uma boa lição para aprendermos que todas as coisas deste mundo são ilusão e mentira.

11. Quem não se contenta com uma mediania decorosa, por mais riquezas que possua, sempre lhe hão de parecer insuficientes.

12. Ainda que Deus nos tire tudo, nunca nos deixará sem Ele se assim não quisermos.

LUTA INTERIOR

1. A obrigação de lutar por servir a Deus e de progredir no amor divino dura até a morte.

2. Quem se deixa dominar pelo seu gênio perturba-se, amofina-se e desanima quando as coisas, por pequenas que sejam, não correm ao seu gosto.

3. O maior inimigo do homem é ele mesmo.

4. Quanto mais uma alma se aplica a dominar as suas inclinações naturais, tanto mais digna se faz das luzes e inspirações do céu.

5. A luta por combater os defeitos desenrola-se sempre em condições muito acessíveis, porque basta a resolução de combater sempre para estar seguro da vitória.

6. Quando reparamos nos defeitos que temos e nas virtudes que nos faltam, não devemos inquietar-nos. Pelo contrário, devemos bendizer a Deus, porque nos dá a conhecer o que nos falta e o que nos sobra.

7. A alma que não tenha um verdadeiro conhecimento das suas misérias e do seu nada não pode chegar a ter verdadeira confiança em Deus, nosso Senhor.

8. É necessário não desanimar com a resistência da nossa parte inferior. Devemos fazer como os viajantes: deixar que os cães ladrem e continuar o nosso caminho.

9. Antes morrer que pecar, sim. Mas se temos a desgraça de cair em pecado, antes perder tudo do que perder a esperança, o ânimo, e os bons propósitos.

10. Quando cometermos alguma falta, ainda que pequena, façamos o possível para não nos desculparmos. Como é útil esta prática!

11. Muitas pessoas não progridem em virtude porque não descobrem ao confessor

o seu defeito dominante, do qual nascem todas as suas faltas.

12. É inútil confessar-se de um pecado, por menor que seja, se não há um propósito firme de emenda.

13. Deves ter verdadeira dor dos pecados que confessas, por mais leves que sejam, e fazer um firme propósito de emenda para o futuro. Muitos perdem grandes bens e muito aproveitamento espiritual porque, confessando-se dos pecados veniais por costume e para cumprir, sem pensar em emendar-se, continuam durante toda a vida com eles.

14. Enquanto não houver consentimento, não existe pecado nem nas tentações mais violentas: é arte do divino Amante e fina flor do amor celestial fazer sofrer e lutar os que lhe têm amor, sem que eles mesmos saibam que o têm.

15. Teremos de corrigir-nos durante toda a vida, mas não nos inquietemos por isso. Humilhemo-nos e esforcemo-nos constantemente por corrigir alguma coisa.

16. Para não sermos julgados, é necessário que não julguemos os outros e nos julguemos a nós mesmos. Mas, ó meu Deus!, fazemos tudo ao contrário: julgamos continuamente o nosso próximo, que é o que se nos proíbe, e nunca queremos julgar-nos a nós mesmos, que é o que se nos manda.

17. Deus quer que a tua miséria seja o trono da sua misericórdia, e a tua impotência a sede do seu poder.

18. Dá-me alegria ver que começais todos os dias: não existe melhor maneira de acabar bem a vida do que voltar a começar sempre, e não pensar nunca que já se fez o bastante.

19. A vinda do Espírito Santo no dia de Pentecostes não foi um acontecimento isolado na vida da Igreja. O Paráclito santifica-a continuamente, como também santifica cada alma, através das inúmeras inspirações que se escondem em todos os atrativos, movimentos, censuras e remorsos interiores, luzes e conhecimentos que Ele produz em nós, prevenindo o nosso coração com as suas bênçãos,

com o seu cuidado e amor paternal, a fim de nos despertar, mover, estimular e atrair para as santas virtudes, para o amor celestial, para as boas resoluções, para tudo aquilo que, numa palavra, nos conduz à vida eterna.

20. Os gregos apresentam-nos Anteu em luta contra Hércules, e afirmam que nunca caía por terra sem que se levantasse imediatamente com novas forças, mais vigoroso do que antes. Assim acontece com o homem magnânimo, que está em luta contínua com as suas paixões: se em algum momento dá um passo em falso, levanta-se corajosamente e continua a sua tarefa pacífica e tranquilamente, sem se aborrecer nem desgostar-se.

21. Quando se colam duas peças de madeira de abeto, ainda que a cola seja fina, a união chega a ser tão sólida que será mais fácil quebrar as peças em outros lugares do que no lugar da junção.*

_____

(*) O verdadeiro arrependimento numa confissão sincera recompõe a ruptura provocada pelo pecado com muito mais força que antes. [N. E.]

22. São Paulo foi purificado num instante, com uma purificação perfeita, como também o foram Santa Madalena, Santa Catarina de Gênova, Santa Pelágia e alguns outros. Mas uma transformação tão repentina é, na ordem da graça divina, um milagre tão grande e extraordinário como o é, na ordem da natureza, a ressurreição de um morto.

A purificação ordinária, tanto da alma como do corpo, só se faz pouco a pouco, progressivamente, à custa de esforços e de tempo. Os anjos da escada de Jacó tinham asas, mas não voavam, antes subiam e desciam de degrau em degrau. Quem remonta do pecado até à vida da graça assemelha-se ao sol nascente, que não dissipa as trevas num instante, mas aos poucos. Diz o aforismo que a cura, quando se processa lentamente, sempre é mais segura [...]. É preciso, pois, ter paciência e não pretender desterrar num só dia tantos hábitos maus que fomos contraindo pelo pouco cuidado com a nossa saúde espiritual.

23. Antes morrer que ofender o Senhor consciente e deliberadamente! Mas, se cairmos, antes perder tudo do que a coragem, a esperança e a firme resolução de lutar.

24. O amor-próprio, a estima de nós mesmos, a falsa liberdade de espírito: tais são as raízes que não se podem simplesmente arrancar do coração humano; o que se pode é apenas [...] moderar e diminuir os frutos que produzem, a sua quantidade e a sua violência, pela prática das virtudes contrárias, sobretudo do amor de Deus.

25. É verdade, minha filha, que as nossas faltas são espinhos enquanto estão na nossa alma, mas transformam-se em rosas e perfumes quando saem dela pela acusação voluntária; assim como a nossa malícia as espeta em nossos corações, assim a bondade do Espírito Santo as expele para longe.

26. Sim, a confissão e a contrição têm tanta fragrância que apagam e dissipam o mau odor do pecado. Simão, o leproso,

dizia que Madalena era uma pecadora, mas o Senhor dizia que não: para Ele, só contavam o perfume que derramava e a grandeza do seu amor. Se formos verdadeiramente humildes, os nossos pecados hão de desagradar-nos muitíssimo, porque são ofensas a Deus, mas a confissão desses mesmos pecados há de ser-nos suave e consoladora, porque honraremos a Deus. É um alívio semelhante ao do doente que revela ao médico tudo o que sente.

27. Quando fordes à presença do sacerdote, imaginai-vos no Calvário, aos pés de Jesus crucificado, cujo sangue precioso flui das suas feridas para vos lavar das vossas iniquidades; porque é na verdade o mérito desse sangue derramado na cruz que purifica os penitentes. Manifestai, pois, inteiramente o vosso coração ao confessor, para que os vossos pecados saiam, e, à medida que eles forem saindo, irão entrando os merecimentos da Paixão de Cristo.

COISAS PEQUENAS

1. Deus pede-nos muito mais a fidelidade nas pequenas ocasiões que se apresentam do que os desejos ardentes de fazer grandes coisas que não estão ao nosso alcance.

2. Se nos deixarmos vencer com frequência pelos pequenos movimentos de ira, bem cedo nos tornaremos violentos e insuportáveis.

3. Procura vencer os pequenos movimentos de ira, de suspeita, de brusquidão, de simulação, de afetação, os maus pensamentos. Se resistires a esses pequenos impulsos, ganharás forças para vencer os grandes.

4. Poucas vezes se apresentam grandes ocasiões de servir a Deus, mas as pequenas,

continuamente. Pois deves compreender que quem for fiel no pouco será constituído no muito (cf. Mt 25, 21). Faze, pois, todas as tuas coisas para a honra de Deus, e as farás todas bem. Quer comas, quer bebas, quer durmas, quer te divirtas, quer estejas junto ao fogão, se souberes aproveitar essas tarefas, progredirás muito aos olhos de Deus se realizares tudo isso porque Ele assim quer que o faças.

5. Sofrer uma palavra leviana, reprimir um pequeno ressentimento, aceder a um pedido do próximo, mortificar um pequeno desejo: eis uma porção de atos virtuosos que estão ao alcance de toda a gente e que oferecem a cada passo a oportunidade de praticá-los.

6. É verdade que os pecados veniais não matam a caridade; mas asfixiam-na tanto que não a deixam agir.

7. As contrariedades, por menores que sejam — a dor de cabeça ou de dentes, as extravagâncias do marido ou da mulher,

um gesto de desprezo, a perda do par de luvas, de uma joia ou do lenço, o incômodo de deitar-se cedo e madrugar para fazer oração ou ir à missa —, em suma, todos esses pequenos contratempos, abraçados com amor, são agradabilíssimos à divina Bondade, que por um só copo de água prometeu aos seus fiéis o mar inesgotável de uma bem-aventurança sem fim.

8. Ainda que os lobos e os ursos sejam mais perigosos do que as moscas, no entanto não nos causam tantos aborrecimentos, nem provam tanto a nossa paciência. É fácil não cometer um homicídio, mas é difícil repelir os pequenos ímpetos de cólera, que se apresentam com bastante facilidade. É fácil não furtar os bens do próximo, mas é difícil não os desejar. É fácil não levantar falsos testemunhos em juízo, mas é difícil não mentir numa conversa; é fácil não embriagar-se, mas é difícil ser sóbrio.

ESPERANÇA

1. No céu, veremos e saborearemos toda a Divindade, se bem que nenhum dos bem-aventurados, nem todos juntos, a verão e saborearão por completo. A essência divina possui tal excelência que ultrapassa a nossa capacidade de gozo. Mas sentiremos um grande prazer ao saber que, depois de termos saciado todos os desejos do nosso coração e de termos esgotado toda a nossa capacidade de gozar do bem infinito, ainda ficarão na infinita essência perfeições infinitas para ver, fruir e possuir, perfeições que a divina Majestade entende e vê perfeitamente, pois só ela se compreende a si mesma.

2. Entre os méritos que os santos atribuem a Abraão, São Paulo destaca o de ter esperado contra toda a esperança. Deus tinha-lhe prometido uma descendência mais

numerosa que as estrelas do céu e que as areias das margens do mar, e no entanto recebe a ordem de sacrificar o seu filho Isaac. Abraão não perdeu a esperança, esperou contra toda a esperança; obedeceu à ordem, certo de que Deus não deixaria de manter a sua palavra. A sua esperança foi grande, porque não via outro apoio para ela a não ser a palavra que Deus lhe tinha dado.

3. Se Absalão julgou que estar privado de ver o amável rosto de seu pai Davi era mais penoso que o seu desterro, qual não será, meu Deus, a pena de estarmos privados de ver o vosso suave e doce rosto?

4. Quando uma terna mãe ensina o seu filhinho a andar, ajuda-o e ampara-o quanto necessário, fazendo-o dar alguns passos pelos lugares menos perigosos e mais planos, ora tomando-o pela mão e firmando-o, ora tomando-o nos braços e carregando-o. Da mesma maneira Deus nosso Senhor cuida continuamente de cada passo dos seus filhos.

5. Nosso Senhor vela continuamente pelos passos dos seus filhos, isto é, pelos que possuem a caridade, fazendo-os andar diante dEle, estendendo-lhes a mão nas dificuldades, carregando-os aos ombros se vê que de outra forma as penas podem ser-lhes insuportáveis. Assim o declarou por Isaías: *Eu sou o teu Deus, que te toma pela mão e te diz: "Não temas, eu te ajudarei"* (Is 41, 13). De tal sorte que, além de muito ânimo, devemos ter uma firmíssima confiança em Deus e no seu socorro. Porquanto, se não faltarmos à sua graça, Ele concluirá em nós a boa obra da nossa salvação (cf. Fl 1, 6).

6. Um santo [São José] que tanto amou durante a vida não poderia morrer senão de amor, porque a sua alma não desejava outra coisa que não amar o seu querido Jesus por entre as distrações desta terra. Assim, tendo completado o serviço necessário durante os primeiros anos da vida dEle, que lhe restava senão dizer ao Pai Eterno: "Ó Pai, cumpri a obra que Vós me havíeis

confiado"? E depois ao Filho: "Meu Filho, assim como o vosso Pai pôs o vosso corpo entre as minhas mãos no dia da vossa vinda a este mundo, também eu, neste dia em que parto do mundo, ponho o meu espírito entre as vossas". Assim, segundo penso, a morte desse grande Patriarca foi a morte mais nobre de todas, corolário da vida mais nobre que jamais houve entre as criaturas, morte que os próprios anjos desejariam ter, se fossem capazes de morrer.

7. Alimentai a vossa alma com uma confiança cordial em Deus; e, à medida que vos virdes rodeados de imperfeições e misérias, levantai o vosso ânimo por meio de uma firme esperança.

8. Santa Thaís de Alexandria, que tinha sido uma grande pecadora, perguntou certa vez ao seu diretor espiritual, São Pafúncio: "As lembranças da minha miserável vida passada me perseguem. Que devo fazer?" Respondeu-lhe o santo: "Temei, mas tende esperança!" Temei com medo de vos

tornardes soberba e orgulhosa; mas tende esperança, a fim de não cairdes no desespero e no desânimo. Porque o temor e a esperança nunca devem andar desacompanhados um do outro, pois se o temor não for acompanhado de esperança, não é temor, mas desespero, e a esperança sem temor é presunção. *Todo o vale será preenchido* (Lc 3, 5): urge, pois, encher de confiança e ao mesmo tempo de temor de Deus esses vales de desânimo que se formam quando conhecemos os nossos pecados.

9. Eu diria ao meu Deus com confiança: "Senhor, eis uma alma que está no mundo para que exerçais a vossa admirável misericórdia. Há almas que Vos glorificam com a sua fidelidade e constância, revelando a eficácia da vossa graça, a vossa doçura e liberalidade para os que Vos são fiéis; eu Vos glorificarei dando a conhecer como sois bom para com os pecadores, como a vossa infinita misericórdia supera toda a maldade, como nada é capaz de esgotá-la, e como nenhuma recaída, por mais

vergonhosa e criminosa que seja, deve levar um pecador ao desespero. O vosso inimigo e meu estende-me cada dia novos laços, mas será em vão, porque me fará perder tudo menos a esperança que tenho na vossa misericórdia: ainda que caísse cem vezes, ainda que os meus crimes passassem a ser cem vezes mais horríveis do que são hoje, continuaria a esperar em Vós". Depois disso, parece-me que não me custaria esforço algum nada do que pudesse fazer para reparar a minha falta e o escândalo que tivesse dado... e voltaria a começar a servir a Deus com mais fervor que antes, e com a mesma tranquilidade que teria se nunca o tivesse ofendido.

10. Existe uma ligação tão estreita entre a misericórdia e a miséria que uma não pode exercer-se sem a outra. Se Deus não tivesse criado o homem, nem por isso teria deixado de ser verdadeiramente bom, mas não teria sido atualmente misericordioso, porquanto a misericórdia só se exerce para com os miseráveis.

11. Bem vedes, pois, que, quanto mais miseráveis nos reconhecermos, mais motivos teremos para confiar em Deus, visto não possuirmos nada que possa inspirar-nos confiança em nós mesmos.

12. Costumo dizer que o trono da misericórdia de Deus é a nossa miséria. Devemos, pois, concluir que, quanto maior for a nossa miséria, tanto maior deve ser a nossa confiança.

Direção geral
Renata Ferlin Sugai

Direção de aquisição
Hugo Langone

Direção editorial
Felipe Denardi

Produção editorial
Juliana Amato
Gabriela Haeitmann
Oscar Solarte

Capa
Karine Santos

Diagramação
Sérgio Ramalho

ESTE LIVRO ACABOU DE SE IMPRIMIR
A 21 DE JULHO DE 2025,
EM PAPEL OFFSET 90 g/m².